ड्योढ़ी पर आलाप

(कविताएँ)

ड्योढ़ी पर आलाप

यतीन्द्र मिश्र

राजकमल प्रकाशन

ISBN : 978-81-267-0949-6

मूल्य : ₹395

पहला संस्करण : 2005
पहली आवृत्ति : 2024

प्रकाशक : राजकमल प्रकाशन प्रा.लि.
1-बी, नेताजी सुभाष मार्ग, दरियागंज
नई दिल्ली-110 002

शाखाएँ : अशोक राजपथ, साइंस कॉलेज के सामने, पटना-800 006
पहली मंजिल, दरबारी बिल्डिंग, महात्मा गांधी मार्ग, प्रयागराज-211 001
1, अनमोल सोराबजी संतुक लेन, धोबी तलाव, मरीन लाइंस, मुम्बई-400 002

वेबसाइट : www.rajkamalprakashan.com
ई-मेल : info@rajkamalprakashan.com

मुद्रक : राजकमल प्रकाशन प्रा. लि.
नई दिल्ली-110 002

DYODHI PAR AALAP
Poems by Yatindra Mishra

अम्मा और पापा के लिए

क्रम

ड्योढ़ी पर आलाप

उम्मीद की तरफ

एक आदमी उस तरफ जा रहा है
और मैं बैठा हूँ उसे जाता हुआ देखता
एक दूसरा आदमी उसी तरफ से
मेरी ओर लौट रहा और मैं बैठा हूँ
उसी तरह उसे आता हुआ देखता

एक उम्मीद के हमेशा के लिए
चले जाने की ओर से
एक नई उम्मीद का लौटना है शायद

आवाजाही भी हो सकती है
पूरब से पश्चिम, दक्षिण से उत्तर
और ठीक वैसे ही उल्टी दिशा की तरफ

उसके नजदीक आने में
जितना मेरा विश्वास लौटता
उससे कम तो नहीं गया वह उसके साथ
जिसे जाता हुआ चुपचाप मैं देखता।

झूले में बैठे हुए

ऊपर जाते हुए एक पल के लिए
भूल जाते हम कि इतनी ही तेज़ी से
हमें नीचे आना होगा
बिना यह तय हुए कि ऊँचाई पर
कितनी देर टिकना है
नीचे पहुँचते ही एक बार फिर
नई ताकत से ऊपर के लिए बढ़ना है

ऐसी कितनी बातें मन में आती हैं
झूले में बैठे हुए
यह स्थिति हमें बहुत कुछ बताती है
खुद के बारे में

झूले में बैठे हुए
हम ऊँचाई से देखते हैं सारा कुछ
उसी तरह फिर
आँकते ऊँचाई की कीमत
बिल्कुल ज़मीन से

इतना सारा समय
अगर झूले के साथ न बिताते
तो इन सब बातों का मतलब
हम क्या जानते।

विकल्प

मुसीबत के वक्त हम क्या करेंगे

दरवेशों का किस्सा हमारे काम नहीं आएगा
निरुपाय धरा रह जाएगा धर्म का पाठ
महीवाल को ढूँढ़ती सोहनी कच्चा घड़ा लिये
चिनाब में उतर जाएगी
अपनी सारी उदारता समेटे सूरज चला जाएगा
दूसरी पृथ्वी की खोज में
परियाँ हमारी नींदों के सिरहाने आने से कतराएँगी
हमारी धमनियों में रक्त को ठंडा करती हुई
गिरेगी चन्द्रमा की बर्फ
अँधेरे में खरगोश की आँखों की तरह
अचानक गुम हो जाएगी सबसे प्यारी स्मृति

जब कभी प्रेम के बरक्स यह दुनिया
सुन्दर चीज़ों के विकल्प में बदलती नज़र आएगी
यह तय कर पाना मुश्किल होगा
मुसीबत के वक्त हम क्या करेंगे।

मसख़रे

एक व्यंग्य उठता है किसी कोने से
और भीड़ में मौजूद सबसे थके चेहरे पर
आँसू की शक्ल में ढुलक जाता है

हा-हा, ही-ही, हो-हो का ध्वनि-विस्तार
न भीतर रच पाता कोई संसार
न बाहर की दुनिया में ही दर्ज़ हो पाता है

मेरे तमाम परिचित मित्र, हितैषी
कवि, पत्रकार, नेता और रिश्तेदार
अकसर उस रूप में नहीं मिलते
जिनमें वास्तव में वे होते हैं
मिलता हूँ आपसे मैं भी वैसे ही
जैसे आप पूरी तरह आश्वस्त होते हैं

इसी भीड़ में रहते हुए भीड़ से अलग
हर एक रोता है अपने-अपने ढंग से
जिस पर दूसरे अपने अनूठे तरीकों से हँसते हैं

बच्चे की खुशी की तरह खिले हुए इस जहान में
हम उतने ही मसख़रे हैं
जितनी छूट दूसरा हम पर हँसने के लिए लेता
दूसरे उतने ही
जितना हम या कोई और बेवजह उसपर हँसता।

हड़प्पा

एक अनजान लिपि में फैली है
यह विचित्र दुनिया
सभ्यता का आरम्भ भी मानते हैं इससे
इतिहास के कुछ जानने वाले

अपनी रक्षा के लिए वे लोग
बनाते रहे थे हथियार
भूख मिटाने को करते थे शिकार

उस पुरानी जादू के खेल जैसी
जीवन शैली में
थोड़े बहुत मिट्टी के बर्तन थे
शृंगार की वस्तुएँ
और चित्र बनाने की युक्तियाँ थीं
भय था प्रेम था
ईर्ष्या और स्त्रियाँ थीं

यह सब आज हम पढ़ते
हड़प्पा और उस जैसी कुछ
विलुप्त सभ्यताओं के बारे में

यही सब तो जस का तस
आज भी है हमारे पास
बस बीत चुका है वह
ऐतिहासिक समय

हड़प्पा कहाँ लुप्त हुआ है ?

कजरी

काले रंग में भी इतना संगीत हो सकता है
यह इससे पहले कौन जानता था
और यह भी कि ज्यादातर गानेवाले
इसमें इतने रंग कहाँ से भर देते हैं

कौन जानता था कि बरसते पानी
सनी मिट्टी और गँदले ताल के पास
प्रेम का इतना वैभव छिपा हो सकता है
और यह भी कि राधा ने
अपने सन्देश के लिए मेघों से हहराते
इस मौसम को ही क्यों चुना

यह सब बातें भी कौन जानता था इससे पहले
कि इसे गाने से मायके में पड़ी लाडली
की आँखें छलछला जाती हैं
और यह भी कि जाने वाला
लौटने में इतना वक्त क्यों लगाता है।

बारामासा

दुख ने पहन लिया है तीखी धूप का कपड़ा
अब बादलों से नहीं,
निकलकर आएगा आँखों से बाहर
वह पानी का घुड़सवार
गरिमामय होगा वह श्रावणी रात में भी
जैसे होगी प्रसन्न उस समय
फुहार में धीरज से नहाई वनराजि
एक फूल पर पहली ओस के साथ
हो रही होगी जब कभी शरद की शुरुआत
तब दुख भी मौजूद होगा वहीं
पहले से ज्यादा बड़े वृत्त में
फुनगियों को सिहरन के अभिप्राय समझाता हुआ
एक पत्ता अपनी उदासी का संगीत लेकर
जब कभी गिरेगा धरती पर
उस क्षण अनगिनत पत्तियाँ शामिल हो रही होंगी
पतझड़ के पियराने वाले उत्सव में
इस ऋतु परिक्रमा के अन्त में
किवाड़ ठेलकर जब झाँक रहा होगा वसन्त
दुख के सारे रंग फैल चुके होंगे चारों ओर
कलियों और बूटों की शक्ल में अँखुआये हुए

बारह-तेरह पंक्तियों में चाहकर भी
नहीं समेट सकेगा दुनिया का कोई कवि
सृष्टि में दुख का इस तरह पसरना
फिर भी विस्मय करेंगे लोग हर बार इस बात पर

जब गाँव के सिवान पर फूटता होगा
कोरस के समवेत स्वर में बारामासा
पीड़ा पिघलती होगी लय और लोकभाषा में
तब हिसाब लगाना मुश्किल होगा
कहाँ से भर उठा ऋतुओं के कटोरे में इतना दुख
किस तरह स्त्रियों के सजल कंठ बरसों से
समूह में इस दुख का
इतना सोग मनाते चले आए हैं।

लँगड़ा आम

मैं आज तक यह नहीं समझ पाया
इतना भरपूर इतना बेहतर इतना पूर्ण
होने के बावजूद दुनिया उसे
लँगड़ा क्यों कहती है ?
अपने स्वभाव के कारण
पूरे हाथ पैरवालों से एक कदम
आगे ही ठहरता है वह
मगर फिर भी अधूरा कहलाता है
जिस तर्क को आज तक जान नहीं पाता
फिर यही सोचकर समझा लेता खुद को
समाज में हर अच्छी चीज़ के साथ
होनेवाली राजनीति की तरह
उसके साथ भी राजनीति ही होती आई आज तक
नहीं तो आमों में सरताज होकर भी
लँगड़ा क्यों कहलाता बेचारा

उसको देखकर विद्यापति की कविता में
आनेवाला पीन पयोधर का रूपक नहीं आता दिमाग में
न ही उसको लेकर हम
अपने समय की कोई नचारी ही लिख सकते हैं

मगर उसके शानदार जीवन को देखते हुए
लोगों से इतना तो कह ही सकते हैं
सारी राजनीति को ताक पर रखते हुए
चलो उसका नाम बदल देते हैं।

पाग

बड़े से कड़ाह में
खदबदाता है गन्ने का रस
एक अनुभवी मन
अपने दुर्निवार सत्य में उलझा
इस उफनती नदी में चलाता है
आम की लकड़ी का चप्पू

रस और आग के बीच चलने वाले
किसी अदृश्य समझौते के तहत
धीरे धीरे तैयार होता
गुड़ बनने के लिए पाग
धूल और मक्खियाँ
उड़ रही असंख्य सूखी पत्तियाँ
जायजा लेती हैं अद्‌भुत कीमिया का

प्रकृति से चलकर आती है इस तरह
हमारे जीवन में इस्तेमाल होनेवाली
हर दिन की मिठास

कछुआ और खरगोश

मुझे ही सरपट दौड़ना है बार-बार
हर दन्तकथा और इतिहास में
कहता खरगोश साथ में खड़े कछुए से

कछुआ जो पृथ्वी के आखिरी छोर पर
दम साधे पीछे है खड़ा
कभी भी नहीं करता कोई प्रतिवाद
समय से आगे चलनेवाले खरगोश से

दोनों की ऐतिहासिक दौड़ होती है
जितनी बार किसी भी युग में
हर बार एक नया ढंग मिलता है
हार और जीत के विमर्श को

कछुए की शक्ल में धीरज घिसटता दिखता है
हमेशा पीछे की ओर
गर्व और चंचलता फुदकती रहती सदैव
आगे जाने को व्यग्र तत्पर

फिर भी बचा रहता है जब तक
हमारे संयम के खाते में
मनुष्यता का पाठ
कहाँ ठहर पाता है खरगोश
धैर्य के असम्भव रास्ते में
कछुए के आगे।

रफ़ू

जहाँ से धोखा हुआ धागों को आपसी रिश्तों में
खुली है अन्दर की बात सबसे पहले वहीं पर

परेशान हैं धागे कैसे बची रहेगी
गुलबूटों की मैत्री की अविभक्त मजबूती
और कपड़े के समाज में उनकी पारस्परिकता

तार-तार होने से बचानी है
सम्बन्धों की अटूट डोर

ऐसे में किसी को आया है खयाल
रफ़ू के बारे में
सिलनी होंगी अब सारी खुली सीवनें
गूँथना होगा एक दूसरे को
फिर उसी तटस्थ भाव से

पुराने दिनों को याद करके
रूठ गए हर धागे को मनाना होगा

पच्चीकारी की रंगीन दुनिया से
निरपेक्ष रहकर
मिटानी होंगी धागों को आपसी गलतफहमियाँ
और उनके बीच बढ़ी हुई दूरी
एक बार नये सिरे से

नाजुक धरातल पर बुना हुआ यह सहमेल
रिश्तों की मजबूत बुनियाद के बारे में
बहुत कुछ सिखाता है हमें।

तकिया कलाम

किसी कवि का भी हो
तो कविता की पंक्ति नहीं हो सकता वह
कुछ भी हो सकता है
कोई निरर्थक शब्द सार्थक अव्यय पद
या फ़िज़ूल-सी कोई संज्ञा
अलबत्ता वह कविता या गीत का
मुखड़ा हो नहीं सकता।

शब्दों के इस अबोध कौतुक पर
टिकी रहती है देर तक
कहनेवाले की अबूझ दुनिया
जैसे वह यह कहना चाहता है
कि यही एक बात इतनी महत्त्वपूर्ण है
इस वक्त दुनिया में
जिसे वह सुना सकता है
सभी को बड़े शानदार ढंग से

साधारण बातों को बीच में काटकर
वह इतना अनूठा कुछ कहता है
जैसे अचानक चलती है किसी सभा में
आश्वस्त दर्शकों के बीच पिस्तौल से गोली
या फिर कटती है सपनीली पतंग सूर्य की ओर
उत्तुंग शिखर पर जाकर

भाषा में वह बेवक्त की शहनाई की तरह है

और भाषा के बाहर एक लम्बे कालखण्ड तक पसरे
बेसुरेपन की तरह
किसी समय बातों में उसके आने के ढंग निराले हैं
जहाँ नाटक के बीच वह
खाँसते हुए कमज़ोर विदूषक की तरह आता है
वहीं समाज में
बहुतों का मनोरंजन करता दिख जाता है
वह रामझरोखा है कबीर का
जहाँ बैठकर ले सकता है कोई भी
सारे जग का मुज़रा

खारिज़ है वह व्याकरण की किताब से
भाषा के जानकारों ने उसका जलावतन किया है
उसके साथ रहने से लजाती हैं सकर्मक क्रियाएँ
सादे पन्ने पर वह हाशिया है असमंजस से भरा हुआ

उसको ठीक से ढूँढ़ो तो मिल जाएगा
घर के कोने में कहीं दुबका हुआ
नदी में सेवार जलकुम्भी की तरह
किसी सदस्य की जुबान पर उगा हुआ
अपने बारे में भोलेपन से हरदम यह साबित करता
जब है वह भाषा में अनन्तकाल से
तो भुगतो उसके जुल्मोसितम को ऐसे ही
मगर इस बेढब संसार में उसकी अबोधता को
रास्ते में अकेला न छोड़ो।

भयभीत रहते हैं शब्द

भयभीत रहते हैं शब्द आजकल
डरते हैं और अपने चेहरों पर उतर आई
त्रासदियों को अपनी ही पहचान में छुपाते फिरते हैं
क्योंकि वे भी जानने लगे हैं
कुछ भी हो सकता है कहीं भी आजकल
भाषा के अन्दर या घर के बाहर कभी भी
कुछ ऐसा बर्बर और जघन्य
जो अप्रत्याशित बिलकुल भी नहीं

शब्द जानते हैं कि एक दिन कुछ लोग
धड़धड़ाते हुए घुस आते हैं उन्हीं शब्दों के भीतर
और अभिव्यक्ति के सीने पर बन्दूक तान कर कहते हैं
इस तरह की जाती है कविता
बरते जाते इस तरह अर्थ, विन्यास और अभिप्राय
कि लगे हम उनके सम्प्रेषणों से नहीं
बारूद के गोलों से खेल रहे हों

उन कविताओं में
जो त्रासदियों के जन्म का रूपक बनती हैं
घर के सबसे कीमती सामान का पता नहीं चलता
उनमें रुपयों और जेवरात का खुलासा नहीं मिलता
वहाँ सिर्फ बदली हुई पहचान दिखाई पड़ती है
जो अपना ही हुलिया ठीक-ठीक नहीं बता पाती
और जिस पर वर्त्तमान की राख गिरती रहती है

संक्रमण की इस स्थिति में अभिव्यक्ति
रहकर भी अदृश्य रहती है, गोया वह शरणार्थी हो
जिसकी न अपनी जमीन है न अपनी हवा
न अपना घर, न अपना पता

धैर्य की कविता और शायद प्रेम की कविता
तब बिल्कुल वैसी नहीं रह जाती
कि कोई विश्वास कर सके हिम्मत न हारने
और सब कुछ दे देने में ही
भाषा को बल मिलता है

कविता एक नैतिक हथियार है उस बर्बरता के खिलाफ़
जो पहचान के संकट के प्रतिरोध में खड़ी होती है
ऐसा सोचनेवाले जानते भी नहीं हैं
बारूद से लिपटी हुई कविता भी
कभी प्रेम के पक्ष में लड़ सकती है
भयावह भी हो सकते हैं उसके शब्द
युद्ध और क्रान्ति और उत्सर्ग और दासता
से बननेवाली दुनिया एक डरी और सहमी हुई
सभ्यता की शुरुआत है
उजड़ी हुई मानवता के अवशेष
जहाँ इतिहास की सबसे दुर्लभ ग़लतियों को
अंजाम मिलता है
और डरने और भयभीत रहने का ऐसा दौर जारी रहता है
जिसमें अकसर अपनी ही बनाई हुई भाषा पर शक़ होता है।

कविता की स्याही

बहुतेरे रंगों के कोलाज़ से
भरी होती हैं कविताएँ
फिर भी ज़्यादातर रंगों से परे
होते हैं उनके जहान
दुनिया का हर दूसरा कवि, अपनी कविता
अकसर नीली स्याही से ही लिखता है
और उसके वजूद में कई रंगों की
सम्भावना मिला देता है

कभी गुम चोट के गहरे निशान की तरह
कविता का दर्द शब्दों की सतह पर उभर आता
और कवि को छोड़ हम
उसके नीले आसमान में
काले अक्स ढूँढ़ने लगते

कभी अपने ही भीतर खुद से लड़ते हुए
एक कवि अपनी अद्वितीय रचनात्मकता को
बार-बार लहूलुहान करता और क्षितिज पर
डूबते सूरज के लाल सपनों में उभरता
धीरे-धीरे रंगों को मुक्त करता हुआ

इस अर्थ में किसी सिरफिरे को
यह अंदेशा हो सकता है कि कविता में
मिलनेवाले रंग उसके अर्थ बदल देते हैं
कि संकट के पल उसकी स्याही से मदद लेते हैं

और छोड़ देते हैं एक मुकम्मल कविता
जिसमें इस जहान की तमाम खुशियाँ और रंज़ोग़म
तमाम दुश्वारियाँ और जिम्मेदारियाँ छिपी रहती हैं
और जिसे दुनिया का हर दूसरा कवि
अपनी विलक्षण स्याही से अन्तिम अंजाम देता है

बच्चा और झुनझुना

हर तरफ तोपें गरज रहीं है और फूट रहे हैं बम
बारूद की महक से परिचित होने लगी है दुनिया
ठीक इस समय सारी बुरी खरोंचों और हतप्रभ दरारों से दूर
अपने निश्छल भोलेपन में झुनझुने से खेल रहा एक बच्चा

वर्णमाला के सारे सलोने अक्षरों से अनभिज्ञ
उसे पता नहीं कोई बात है जो उसके भविष्य से खेल रही है
और ठीक उसके झूले के आस-पास पनप रहा एक षड्यन्त्र

एक चौकस और दुनियादार निगाह
बदलना चाहती है उसके झुनझुने की आवाज़
वह लोरी की जगह मर्सिया जैसी कोई
बेवजह-सी चीज़ रखना चाहती है
फिर भी झुनझुने की आवाज़ से आश्वस्त है
बाकी बची हुई दुनिया
क्योंकि दुनिया का सबसे भरोसेमन्द सपना है बच्चा
और बच्चे के लिए बम तोप की गरज
सिर्फ खेल-खेल में पैदा की गई मजेदार आवाज़ ही हो सकती है

यह अलग बात है कि
उससे वह झुनझुने का काम नहीं ले सकता
इस समय दुनिया में और बहुत सारा काम हो रहा है
मगर बचपन के गलियारे में इतना मुकम्मल धोखा नहीं रचा जा सकता
जिसे एक चौकस निगाह बम और बन्दूक की शक्ल में सँजो रही है

झुनझुना इसमें क्या कर सकता है भला ?
वह सरहद पर लड़ नहीं सकता
वह बम की तरह दग नहीं सकता
बस अपनी ईश्वरीय झनक में बच्चे को डुबोए रख सकता है
और मासूमियत के इर्द-गिर्द बज सकता है

आप विश्वास करें चाहे न करें
यह तय है कि एक दिन इन्हीं बमों, बन्दूकों और तोपों के बीच
जब झुनझुने की आवाज़ दब जाएगी
बच्चा अपने आप-पास का खेल समझने लगेगा
वर्णमाला के सारे अक्षर उस समय
अपने अर्थ पूरी निर्ममता से उसके सामने खोलकर रख देंगे।

इतिहास का पाठ

मैं इतिहास को किताब की तरह खोलता हूँ
उसमें अपने को पढ़ता हूँ इस तरह, कि लगे
किताब बन्द कर रहा हूँ, इतिहास को बिना बताए
बन्द इतिहास अकसर खुली किताब में भी बन्द रहता है
यह कुछ वैसा ही पूर्वानुमान है जैसा कि यह अनुमान
हम पढ़े जाते हैं बराबर सब जगह
और इतिहास जानकर भी चुप रहते हम बेखबर

किताब बन्द रहे फिर भी खुली लगे
हमें पढ़ा जा रहा हो और इतिहास प्रतिवाद करे
किताब खोली जाए इसकी पहले से हमको जानकारी हो
तो यह कुछ वैसा ही ढंग है इतिहास बनने का
कि अकसर इतिहास के बाहर हम उसके
निकलने का इन्तजार करते हैं

अब मैं अपने को इतिहास के अन्दर बन्द करता हूँ
अब मैं किताब को इतिहास की तरह पढ़ता हूँ।

सड़क

अभी दूर है हमारे मतलब का शहर
बताता है मील का पत्थर

घड़ी में घट रहा समय परेशान करता
वह भी बहुत कम है
कैसे पहुँचेंगे गन्तव्य तक
पहले से नियत कार्यक्रम के तहत

हमारी बेवकूफियों पर हँसते हुए
भागते हैं पेड़
यात्रा में मिलनेवाली अनजानी चिड़िया
अपनी धुन में मस्त जाने किस युग में
उड़ रही होती है उस वक्त

अंत तक साथ देती है सिर्फ
हमारे साथ चलती हुई सड़क
हौसला बनाए रखती है हमेशा
जैसे कहती हो जब साथ हूँ तुम्हारे
फिर घबड़ाते क्यों हो ?

घर

यहाँ हम अपनी आकांक्षा को
सपनों की हद में बाँधकर रखते हैं
नदी से करुणा चिड़ियों से मंगल तारों से मुस्कान
माँगकर लाते उधार और छिपाते हैं दरवाजों के पीछे
यहाँ सच बोलने की हिम्मत हमारी धमनियों में
संगीत भरती है जो निस्पन्द बजता किसी आलाप समय में

इसके होने में सुख के सारे प्रत्यय बिखरे रहते हैं
जैसे अकसर आँवले और अमरूद के पेड़ पर
प्रसन्न गिलहरियाँ फुदकती हैं
यहाँ किसी भी किलकारी या कानाफूसी में
कोई प्रार्थना मंत्र छिपा हो सकता है
खिड़कियाँ हर तरफ खुलती हैं
सब दिशाओं से अभय धूप के सहारे
इन्हीं खिड़कियों से घर में घुसता है

पहली बार हम यहाँ प्रेम करना सीखते हैं
लड़ना-झगड़ना सीखते हैं
और अन्त में हारकर मुँह फुलाना भी
जिसमें अकसर हमारे बचपन पर
निष्कलुष खिलखिलाते हैं सारे बुजुर्ग

एक आदिम घूरा भी होता है जरूर किसी कोने पर यहाँ
उसमें दुर्दिन के ब्यौरे चिन्ताएँ विपन्न तिथियों की यादें
हमसे भूले-भटके हुए पुण्य और

ढेरों पाप का हिसाब रहता है जिसे फेंकता नही कोई
बस समय उस पर धूल झाड़ता है अपनी
और हम बेखबर हर वक्त एक नया घूरा रच रहे होते हैं

दुनिया की कम अपनी फिक्र में ज्यादा परेशान
बहुत सारा बियाबान लाँघकर जब कभी
लौटते हैं अस्तव्यस्त हम यहाँ
एक अदृश्य सोता फिर भी इन्तजार में
जागता रहता है और घर में घुसने पर
सबसे पहले हमारी प्यास के बारे में पूछता है।

रसोईघर

इस कमरे से स्वाद की यात्रा शुरू होती है

शताब्दियों की धूप ढल जाने के बाद
देवता कहकर बुलाते हैं, हम जिन्हें आज भी
वे चींटियाँ हैं कतारों में चलती हुईं
ढूँढ लाती हैं मधुरता का अन्तिम दाना तक
पड़ा हो बर्तनों और चम्मचों के गिर्द कहीं
या बचा रह गया हो पृथ्वी के अन्तिम कोने पर

एक हंडे में यहाँ बरसों से जल भरा है
जिसे ऋतुओं की सजलता ने
प्यास से बचने के लिए कभी सँजोया था
कड़ाही बटुली और करछुल के बीच कहीं
अपनी निःशब्द संलग्नता में
पुरखों के आने की पदचाप मिली है

इस कमरे के भीतर जितना भी जीवन और उत्सव है
उतने ही तरह से वत्सल होती है पृथ्वी
वनस्पतियाँ उतने ही उल्लास से
हरियाली का मंगल मनाती हैं

यह हमारा ऐसा अभेद्य शरणालय है
जो भूख और प्यास को निरस्त करता है धीरे-धीरे
जैसे धीरे-धीरे चींटियाँ मधुरता को सिर पर उठाये
अपने सुरक्षित दुर्ग की ओर बढ़ती हैं

एक कविता बनकर तैयार होने के लिए
जब तक ढूँढ़ती कोई सहोदर शब्द
कोश की गरिमा से
रसोईघर से उठती एक परिचित आत्मीय गंध
चन्द्रमा तक बढ़ने के लिए।

कठपुतलियाँ

कठपुतलियों की कथा

एक कठपुतली का दुर्भाग्य उसके काठ होने में
एक कठपुतली का समर्पण सीधे असीम से जुड़ने में
एक कठपुतली की चिंता डोर के मजबूत बने रहने में
एक कठपुतली का प्रेम दूसरी कठपुतली के जन्म लेने में
एक कठपुतली का क्रोध पेड़ से जीवन रसायन छूटने में
एक कठपुतली की उत्कंठा पुतलेपन से मुक्त होने में

कठपुतलियों का धर्म

वे गाती नहीं, गाने का भ्रम जगातीं
क्योंकि गायन पुतले नहीं, गले जानते
वे नाचती नहीं, नृत्य का शास्त्र बाँचती
क्योंकि नाचती तो उंगलियाँ हैं, नचाता कोई और है
वे रोती नहीं, रुदन का स्वाँग करतीं
क्योंकि रोना सदैव अपार्थिव वस्तुओं का संस्कार रहा है
वे बोलती नहीं, बोलने का जतन करतीं
क्योंकि कठपुतलियों को छोड़कर हर कोई बोलता है
अपनी कठिन काया में कठपुतलियाँ
बड़ी सादगी से धर्म निभातीं
क्योंकि धर्म निभाने की परम्परा
और कठपुतली होने की परम्परा में एक सैद्धान्तिक साम्य होता है

कठपुतलियों की पीड़ा

देखनेवालों को सब पता है
जो हिल रहा, दरअसल वह हिलाया जा रहा
जो दिख रहा, शर्तिया उसे दिखाया जा रहा
जो छिप गया, पक्का उसको बचाया जा रहा

कठपुतलियाँ भी जानती हैं
जो दिखा रहीं वह नकली है
जो छिपा रहीं वह असली है
जो अबूझ रह गया, उसी में उनका सत्य था
यही उनकी आदिम पीड़ा है

कठपुतलियों का शोर

हमारे धागे खोल दो
उतरने दो हमें रंगमंच से
चन्द्रमा की उतरन पहनने दो हमें
धोना चाहतीं हम अपने जन्म के उत्सव का पाप
हम उलझ चुकी हैं स्वयं के रूप धागों में
जीना चाहतीं हम अभिनय के अमूर्त्त खंडहर से दूर
रंग-बिरंगा साम्राज्य हम त्यागती हैं
पाप की ध्वनियाँ आत्यन्तिक रूप से बजतीं भीतर हमारे

यह कठपुतलियों का शोर है
यह आसन्न युग का शोर
हर एक के भीतर एक कठपुतली का शोर स्पन्दित
हर एक ध्वनि कठपुतली में हो रही तब्दील

कठपुतलियों का प्रश्न

जो है, वह रहेगा निश्चित नहीं
जो था, वह है यह भी पक्का नहीं
जो रहेगा, उसे ही होना है, यह भी जरूरी नहीं

फिर भी कठपुतलियाँ हैं, कठपुतलियाँ रहेंगी
कठपुतलियाँ थीं कठपुतलियों को ही होना है

अभी भी एक दुर्लभ प्रश्न सामने
सिर्फ कठपुतलियाँ ही क्यों
सिर्फ कठपुतलियों में ही सारी मर्यादाएँ कैसे
बिना कठपुतलियों के दुनिया क्या ?

कठपुतलियों का रहस्य

एक ऐसा दृश्य जिसमें चिड़िया-भर प्राण है
एक कठपुतली है यहाँ दृश्य में
कठपुतली में प्राण-भर ही चिड़िया है
एक चिड़िया दूर से लाती है तिनका
बुनती है चिन्दी-चिन्दी घोंसला
बढ़ता है घोंसला तिनका-तिनका
फिर वही चिड़िया ढूँढ़कर लाती है दाना
सीझता है अन्न का दाना परम्परा की जीर्ण बटुली में
एक बार फिर से वही चिड़िया सिलती है
नश्वरता के धागे से रंगबिरंगा ताना-बाना
दूर-दराज से आए हुए हैं, स्वजन पुरोहित पूर्वज
सजा रही सब की खातिर
देह के चौके में तृप्ति का खाना

चिड़िया जो दरअसल देवता के हाथ की कठपुतली है
कठपुतली की अवस्थिति में स्वयं देवता है
देवता स्वयं की अनुपस्थिति में एक दूसरी चिड़िया है
दोनों मिलकर एक अनबूझा सत्य हैं
सत्य टुकड़ों-टुकड़ों में रहस्य की तरह है
जो कई देवताओं के जुड़ने से बनता है
रहस्य छोटे-छोटे प्राणों में कठपुतलियों की जगह है
जो एक-एक कर उनके मरने पर धीरे-धीरे खुलता है

इतनी सुन्दर नहीं होती दुनिया

उम्मीद को नोट की तरह जेब में तहाकर
रखते हुए सोचना
इतनी सुन्दर नहीं होती दुनिया
जितनी दिखती है

प्यार की ज़रूरत को ऊँघते हुए
सोने से पहले याद करके रोना
कहीं एक कमरा भी ऐसा नहीं
जहाँ दुख और हँसी को छोड़ा जा सके
थोड़ी देर के लिए साथ-साथ
घटती उम्र के साथ
बढ़ते हुए तजुर्बे को ढोना
इस तकलीफ को सिरहाने तकिये के नीचे दबाए
बहुत सारी चीज़ें कभी
बहुत सारा अर्थ नहीं रखतीं
बावजूद इसके कि बहुत सारा समय
उन फिजूल की चीज़ों पर व्यर्थ गया

नोट को धीरे से बाहर निकाल
हिचकिचाते हुए खर्च करना
जानते हुए
इस कम सुन्दर दुनिया में
अपनी आखिरी उम्मीद से किनारा करना।

आदमी बने रहने की कोशिश

कितने जतन से बनता है एक आदमी
आदमी बने रहने की तमाम
आदिम भूलें झुठलाता हुआ

अनुभवों की असंख्य शर्तों के साथ
उमगता है उसके भीतर एक आदमी
जैसे आवाज़ भी अनुभव है
वैसे साज़ भी एक प्राण हो सकता है
कहीं कोई बोले या धीरे से
मन के भीतर कंठ की कुंडी खोले
तब भी तो बजता है एक आदमी
जीने की तमाम सम्भावनाओं के साथ

जैसे बँधी मुट्ठियों में अपनी बँधी पहचान लिये
बँधा रहता वर्तमान
वैसे कभी चीख में, किसी सन्नाटे में
अकसर बड़बड़ाते हुए शोर के अहाते में
एक राग फूटता है आदमियत को परखता हुआ
शायद मिल जाए आदमी
बजते हुए साज़ की गूँजती हुई रागिनी में
भटके हुए सुर की तरह अटका हुआ।

किस्से-कहानियों की स्मृतियाँ

पुराने किस्से-कहानियों की तरह
अब नहीं लौटतीं स्मृतियाँ
दादी-नानियों की
हमारे स्वप्नों में

जैसे हमारी नींदें कैद हों
उस शैतान जादूगर के पास
जिसकी जान
एक तोते में सदियों से रहती चली आई है

इस दुनिया में तमाम दुनियावी चीज़ों के बीच
न अब चन्दामामा हैं,
न उनके पास हमें देने के लिए
दूध-भात की कटोरी

और हम अपने स्वप्नों के अन्दर
उस देहरी के बाहर खड़े
भीतर जिसके
स्मृतियों को तोड़ने का काम जारी है

इस पूरे वातावरण को खेल-तमाशे में
बदलने में लगे हम सभी
जान ही नहीं पाए कि देखना चाहिए था
इसी बीच हमें
दादी की नसीहतों का पिटारा खोलकर

और यह ज़रूरत महसूसने में इतना वक्त गया
कि दुनिया ही बदल गई

इतना वक्त और इतनी दुनिया हम पीछे छोड़ आए हैं
जितने में कहानियों, खिलौनों और नसीहतों के मानी बदल गए

जैसे हम समय और स्वप्न की संधि पर खड़े हों
जैसे हम भरोसे और विश्वास की दुनिया से दूर हों

हमारे स्वप्नों में अब सुनाई नहीं देतीं बचपन की आवाज़ें
हितोपदेश, पंचतंत्र की बातें
कितना हित और किसके लिए उपदेश ?
नींद टूटती नहीं
होश न रहने से टूट रहा परिवेश

किस्से-कहानियों को भूलते जा रहे हम
और आनेवाला समय दिखा रहा ठेंगा
जैसे हमारी स्मृतियों को
नहीं दर्ज करनेवाला वह अपनी बही में
जैसे कह रहा हो
नहीं बननेवाली हमसे कोई कहानी
आनेवाले समय के लिए।

लोकगीत

इस कविता में
पृथ्वी नहीं करती देवताओं से विनय
बस वह अपनी नदी में
तारों को आँगन देती है

इस कविता में
चिड़ियाँ बतियाती नहीं घोसलों में
बस वह राजा से पूछती है
हर रोज़ एक प्रश्न

इस कविता में
मकड़ा नहीं बुनता लगातार
रेशमी दुपट्टे-सा अपना जाला
बस वह उत्सुक-सी मधुमक्खियों को
अपने घर को देखने का आमंत्रण देता है

इस कविता में
नक्षत्र और नीहारिकाएँ नहीं बुहारतीं
किसी सम्राट के विजय जुलूस का पथ
बस वह जुगनुओं की तरह चमकती हैं
दुख बन हृदय के भीतर

इस कविता में
मछेरा पकड़ता नहीं मछलियाँ
बस वह उनकी चमक बराबर

मिलनेवाली टिकुली का पता पूछता है
अपनी औरत के लिए

इस कविता में
वैसा कुछ नहीं मिलता
जैसा दुनिया में होता है अकसर
बस यहाँ उसे ढंग से बरतने का
सलीका दिखता है।

एक शब्द के लिए
(अवध के एक लोकगीत से प्रेरित)

पंचरँगी है मेरी चुनरी
इसे प्रियतम के लिए मैंने
बड़े जतन से सँवारा है
सूरज और चन्द्रमा की बाँधनी से
यह हुई जाती सुनहली-रुपहली
मेरी लाज का पानी दमकता है
झलमल इसमें

मैं इसे ओढ़ती हूँ
जैसे सूरज, चन्द्रमा, यह पूरी पृथ्वी ओढ़ती हूँ

जैसे प्रेम
इस एक शब्द के लिए
ढेरों अर्थ ओढ़ती हूँ।

पिंजड़े से बाहर

पिंजड़े में बन्द है सुगनपाखी
बन्द हैं पिंजड़े में प्राण
पिंजड़े में बन्द है जीवन
इसे खोलना चाहिए
उन्मुक्त करना चाहिए जीवन

तन और मन दोनों की
खुलनी चाहिए साँकल कुंडी

पिंजड़े से बाहर भी संसार है
पिंजड़े से बाहर भी जीवन है
पिंजड़े से बाहर भी सुगनपाखियों के लिए
कलरव है उल्लास है

यह पृथ्वी आँगन की तरह
पसरी है उन्मुक्त
देरी बस इतनी कि सुगनपाखी
कब भरता अपने पंखों में विश्वास।

घुमरी परैया

चारों तरफ हाथ फैलाकर अलमस्त
असंख्य बार बचपन में
गोल-गोल घूमते थे हम

इसी बचपने में शामिल हो
घूमती थी नीचे की जमीन
ऊपर की हवा
और साथ-साथ ढेरों संगी-साथी

हरदम मची रहती थी होड़
कोई गिरे न पहले
दूसरे साथी से अपने

थककर जो पहले गिरता था
उसे पहले ही थककर खेल से बाहर
निकला दोस्त थामता था बाँहें पसार
जैसे थामता हो उसके साथ
नाचती धरती और ऊपर आकाश को

अब बच्चे नहीं खेलते ऐसे ढेरों सस्ते खेल
अब कहाँ थामता कोई किसी को आगे बढ़कर
जब हारकर जाता है वह बाहर
इस दुनिया में रोज़ हो रहे खेलों से।

मिरासिनें

गाते हुए दूर तक निकल जातीं वे
ढोलक मंजीरे में अपना देस-देसावर समोए हुए
गाते हुए बहुत पास तक चली आतीं वे
थोड़े से पैसों और एक वक्त अनाज के जुगाड़ में

पता नहीं कौन सिखा पाया उन्हें
इतनी तरह से गाते हुए
संसार को पोसना असीसना
लगता उनके कंठ में पूर्वजों की तपस्या का जल है
जो काँपती हुई लयकारी में भी ढाँढस लगता है

जब भी देखा इन्हें, इनकी दुनिया
तिलिस्म से भरी लगी और वे खुद जादूगरनी
वे बूढ़ी होकर भी नहीं होतीं बूढ़ी
न बीमार पड़ने पर सुर ही लगते बीमार
फिर भी ब्याह का गीत हो, बन्ना शहाना
या जन्म के समय मंगल गीत सुनाना
सभी कुछ एक जैसा ही सुरीला इनके संसार में

जैसे गौरा का पाया हो आशीर्वाद
शंकर के उद्दंड क्रोध के एवज में
जब-तब उन्हें मनाती रहें
इसी कारण हमेशा सुरीला गाती रहें

ये मिरासिनें, ये गौनिहारिनें
अपने सुरीले संसार की जगर-मगर में मग्न
हैं प्रसन्न कि किसी के घर होनेवाले जन्म से
जुड़ी हुई है इनके रसोई आँगन की गंध।

प्रजा का नान्दीपाठ

हे राजा !
हम आपकी प्रजा हैं
बस इतनी ही हमारी सजा है
कि आपकी हम प्रजा हैं

हे प्रजापति !
ऐश्वर्य का यह स्तूप बहुत बड़ा है
कृपया बताएँ हमें
कितनी सम्भावनाओं की मृत छायाओं से
इसका स्थापत्य बना है

हे दाता !
सुना है दीनों पर रहती आपकी कृपा है
इसीलिए महाराज
दिन को रात और रात को दिन कहना
विरासत से संस्कार में हमें मिला है

हे अधिपति !
आपके कीर्ति-गायन की यह दिशाएँ
अभ्यस्त हैं
भला हो उन सबका
जिन्होंने आपको शासक
हमको प्रशस्ति गायक के रूप में वरा है।

शाही सवारी

आ रही शाही सवारी
बादशाह सलामत की सवारी
घुड़सवार आगे आएँ, प्यादे कतार लगाएँ
मन्त्री और सेनापति इस तमाशे का परचम लहराएँ
सिर पर चढ़े हुए सूरज को आज ढँकने की तैयारी
आ रही शाही सवारी

राजा की सलामती का ज्योतिषी सगुन बताते
गायक और सारे कविजन आज विरुदावली गाते
बाअदब हो राजपथ, आदेश हुआ अभी जारी
आ रही शाही सवारी
बादशाह सलामत की सवारी

राजा तुम अमर रहो, जनता का कंठ फूट रहा
राज करो और घर भरो, न्याय धर्म छूट रहा
पता नहीं किसके सिर कलम की आज बारी
आ रही शाही सवारी
बादशाह सलामत की सवारी

राजा का खेल

राजा नदी किनारे क्यों जाते हो
इस बार-बार के आखेट से क्या पाते हो

राजा नदी किनारे सिर्फ हिरन ही नहीं आते
कुछ असुन्दर भी आता निरन्तर
तुम्हारी आँखों से ओझल रहता

राजा सब कुछ हर लेने का
तुम्हारा जो हठ है
व्यर्थ है यह

राजा बाण से तुम केवल वध कर सकते हो
अपने वश में सबकुछ नहीं कर सकते

राजा नदी किनारे शिकारी ही नहीं आते
प्यासे भी आते हैं अपनी अदम्य तृषा के साथ

राजा नदी किनारे क्यों जाते हो
इस धनुष-बाण के खेल से क्या पाते हो ?

पहले और आज

न तुलसी हुए न हम सरकार
किसी की रियासत में मनसबदार
क्या कहें, किसे सुनाएँ
बज़रिए कलम बादशाह को हम
खरी सुनाने की रखते थे ताब

न कबीर हुए न हम सरकार
किसी भी व्यवस्था में फ़रमाबरदार
क्या कहें, किसे सुनाएँ
हों भले पेशे से हम जुलाहे
फिर भी क्या मौलवी, क्या पंडित
सबकी क्षुद्रता पर गिरी हमारी गाज

न कुम्भन हुए न हम सरकार
किसी सल्तनत में ओहदेदार
क्या कहें, किसे सुनाएँ
गुजारी उम्र सारी सत्संग में
न सीकरी समझ आई न दिल्ली दरबार

न ग़ालिब हुए न हम सरकार
किसी पंचायत के सलाहकार
क्या कहें, किसे सुनाएँ
बिना डरे, बने होशियार
इश्क़ प्रेम की दौलत से
दुनिया को किया ख़बरदार

मगर इधर शब्दों की दुनिया में
हमारा फन हुआ जाता बेकार
क्या कहें, किसे सुनाएँ
दुनियावी चीज़ों ने जो किया दीवाना
तो जाती रही कलम से धार
हम जो थे कभी सच के पैरोकार
अपनी गरज से डूबे खुद ही
तय है एक दिन आप भी
डूबेंगे बरखुरदार।

दीवाने-आम

जो कसीदे पढ़ते हैं उन्हें दरबारी नहीं कहा जाता यहाँ
सपना यहाँ आँखों में नहीं जीवन सन्दर्भों की विफलता में पलता है
जो लड़ते हैं उनकी शिकस्त की आवाज़ को दर्ज़ करने का चलन नहीं यहाँ
एक तलवार लटकती उल्टी उनके चेहरों के ठीक ऊपर
जो ज़ोर से खिलखिलाते और खुलकर रोते हैं
सूरज यहाँ जल्दी डूबता तारे बच-बच कर निकलते हैं
हवाओं में एक जंगली महक बसती लगातार
अनुरोध जब कभी फरमान की शक्ल में जारी होता है
यहाँ स्पष्ट कुछ कहना अपनी आदिम सभ्यता के
सबसे विस्मृत पन्नों की बावड़ी में झाँकने जैसा है
चर्याओं और थेरीगाथाओं की तरह मुसीबतें
किसी दुर्लभ शब्दावली में फुसफुसाती हैं
जागते हुए भी यहाँ विश्वास के पुनर्वास की कामना नहीं लरजती
यहाँ दुनिया अपने होने की भूल सुधारती है

इतनी सारी विसंगतियों के बाद भी यहाँ
कुछ भी ऐसा ख़ास नहीं जिसका उल्लेख ज़रूरी हो
बावजूद इसके यह हम सबका दीवाने-आम है।

बच्चे

वे अपने खिलौनों पर ज़्यादा भरोसा करते हैं
जबकि दुनिया की हर अजीबोगरीब परिस्थिति
उनके खेल के निशाने पर हो सकती है
जंगल की मानसिकता को जीने वाले इस समाज में
उनकी मौजूदगी शेर के दबंग बच्चों की तरह है
जो अपनी कारगुजारियाँ निपटाते हुए निकलते
जब कभी पार्क की माँद से
अलमस्त हो उठता है तब हमारा बनाया
यह सभ्य सुनियोजित जंगल भी

हम जानते हैं अच्छी तरह कि हमारी
हर उल्टी-सीधी हरकत को अँगूठा दिखा देते हैं
सब के सब बड़ी आसानी से
बिचका देते हैं मुँह संसार की सबसे कड़वी
या बौद्धिक बात पर
इसी के साथ हम यह भी जानते हैं
बताते रहते वे हमें अपने मासूम करतबों से
ज़िन्दगी अभी भी बेहतर हो सकती है
बचाई जा सकती है आज भी
रिश्तों के बीच उम्मीद की नमी
और टिकी रह सकती है उनकी हँसी पर
खेल-खेल में बूझी गई यह चश्मेबद्दूर दुनिया

खिलौनों की सादगी भरी भाषा से
पार्क में खिलने वाले इन निश्छल फूलों से

भोलेपन से कही जाने वाली सबसे नेक सच्चाई से
कोई भी सीख सकता है
अपनी बनाई दुनिया पर भरोसा करना
मुसीबतों को हमेशा सहजता से
खेल की तरह लेते रहना।

तानसेन के बहाने

नहीं रहा आलमपनाह का हुज़ूर दरबार
और वहाँ मौजूद तख़्त-ए-ताऊस में जड़े बसरा दोआब के मोती
दीन-ए-इलाही भी समय की ओट हुआ

भूल गई दुनिया बादशाहत और रंगमहल की पर्दादारी
मगर इतिहास में आज भी गूँजती वह रागिनी
किसी कलन्दर, फकीर की दुआ की तरह
तानसेन का निराला संगीत जवाब माँगता है हमसे
स्वामी हरिदास की कृपा को याद रखे
या करीम परवरदिगार को भूल जाए

यह एक बात इतिहास को मायने देती है
कि अकबर को याद करना
दरअसल तानसेन, रहीम के बहाने
संगीत और कविता को याद करना है

दमक उठती आज भी कविता में
उन महफिलों में सदा रौशन रहनेवाली
नौरोज़ की शमा, जब उसे मालूम पड़ता
उस्तादों के रियाज़ की नज़ीरें
नहीं मानती फ़र्क़ कि सजदे में सिर
किधर किस दिशा में झुकता है
कि दिल से निकली आवाज़ में
हिन्दू-मुस्लिम का मतलब अलग-अलग होता है
और अज़ादारी हो या महफिलों की रंगदारी

राभी में होनेवाली रागदारी का मिज़ाज
एक कलाकार ही तय करता है

इतिहास के सुनहरे हरफों में मौजूद
भाषा और सुर की तमीज़ को परखते हुए
तानसेन को याद करना सुकून देता है

यह जानते हुए कि बादशाहों के महलों से दूर भी
एक सल्तनत हुआ करती है
एक साम्राज्य का खजाना बिखरा रहता है
जहाँ कोई अकबर सादे लिबास में जाता है
और एक दीवानी मीरां की आवाज़ के सदके में
चुपचाप अपना सिर नवाता है।

तुकाराम

लगभग गैरज़रूरी-सी लगती हुई
इस दुनिया की सुघड़ गुंजाइश में एक व्यक्ति
अपने समय की अकथ कथा लिखता है

वहीं भाषा के अरण्य में पत्ते की तरह
टूटकर गिरता एक शब्द—शूद्र

इसे सीधे मन्दिर तक ले जाने में काँपती है आस्था
ब्राह्मण भक्तों की टोली दिखती उलझी हुई और अधीर
फिर भी, दुस्साध्य कला तप की अभंग शब्दावली में
विस्तृत होती रहती एक अनूठी अनात्म दुनिया
पुनर्नवा होती जाती एक शूद्र की वैष्णव भक्ति

जैसे तानपूरे की जवारी खुलती है
जैसे कोई विचार अपना शरणालय खोजता है

समाज फिर भी भयभीत-सा अपनी जगह अड़ा
देख नहीं पाता एक साधारण भाषा का सुन्दर स्थापत्य
सच के परदे से निकला एक अकल्पनीय सच
और इस पूरी प्रक्रिया में जिस तरह एकाएक
हमारे सामने तुकाराम की कविता आकर खड़ी होती

हम भूल चुके होते हैं तब तक
कि शब्दों व उसके असीम अर्थों से परे
समय ने रच दिया है मोहभंगों का अर्जित एकान्त

उस एकान्त में कथा के पन्नों से झाँकता एक बड़ा सूराख
उसमें एक निर्मल नदी इन्द्रायणी बहती है
तुकाराम की कविता बहायी जाती इसमें
ताकि भाषा को मिल न सके कभी इतिहास में किनारा।

उस्ताद अलाउद्दीन खाँ

धीरे-धीरे सब आता है
हुनर
सलीका
अदब

रियाज़ की चादर में लिपटी हुई
बेसबब-सी कोई रागिनी
कमरे से बाहर निकलती है
और संसार के गोरखधंधे में
चुपचाप शामिल हो जाती है

अकसर हम जिसे साधना कहने की भूल करते हैं
दरअसल वह आदमी के भीतर
धैर्य की असाधारण खोज है
और जिसकी वजह से अभी भी
संसार में प्रेम बचा हुआ है।

वह एक चीज़ जो किसी को ग़ालिब बनाती है

'कोई उम्मीद बर नहीं आती'
यही कहा था ग़ालिब ने
जब दुनिया को समझने का होश आया

होश न कहकर सलीका आया
यह कहना ज़्यादा मुनासिब लगता है
उसके लिए जो बाद की ज़िन्दगी में
ज़िन्दगी जीने के मतलब को ढूँढता रहा
और इस कोशिश में उसकी कला उस मकाम तक पहुँची
जहाँ से दुनिया को देखने व उसमें बने रहने
के मायने एक हो जाते हैं

बल्लीमारान की कासिमजान गली का यह शख़्स
पता नहीं कहाँ-कहाँ से ढूँढ़कर लाता रहा
दुनिया जहान के लिए प्रेम
और इंसानियत के सगेपन की रवायतें

यह बता पाना या पता लगाना बड़ा मुश्किल है
कि ग़ालिब का अन्दाज़े-बयाँ अलग क्यों था
पता नहीं उनपर मीर के कुल्लियात का असर रहा होगा
या मोमिन का फलसफे की सादगी में लिपटा वह अकेला शे'र
जिसने असदउल्ला खाँ को बार-बार लाजवाब किया

एक विनम्र प्रतिरोध की तरह दस्तक देतीं उनकी बातें
कहीं सिर्फ बातें ही रह गई हों, ऐसा नहीं हुआ

उन बातों की ताबीरें इतनी स्पष्ट थीं
कि ग़ालिब के अफसाने और दर्द
दुनिया में हर एक के अपने हो सके

मुहब्बत और ग़म के बीच जगह बनाती हुई
ग़ालिब की ज़िन्दगी हमें सिखाती रही
कि जहाँ हम खड़े हैं वहीं तक हमारी दुनिया नहीं है
उससे आगे तक एक नई दुनिया जाती है
जिससे हम कभी भी हाथ बढ़ाकर दोस्ती कर सकते हैं
खुद से झुकते हुए समाज की पेचीदगियों को
थोड़ा कम कर सकते हैं

वह एक चीज़ जो किसी को ग़ालिब बनाती है
संवेदना की दुनिया में दर्द से भीगी हुई
दो निस्पन्द आँखें हैं प्रतिरोध की
जिनमें प्रार्थना नहीं
सच्चाई का बेलौस इज़हार चमकता है।

पृथ्वी से दिखता है चाँद

पृथ्वी से दिखता है चाँद
दिखती है सुन्दरता
उसके दाग असमंजस और धैर्य
बच्चों से रिश्ता सलोना सब दिखता है
क्या चाँद से दिखती होगी
पृथ्वी की उलझन
उसकी रंगदीप्ति
दिन-दिन छीजता उसका पराग
दिखता है क्या ?

पृथ्वी से दिखता है एक पेड़ प्रसन्न
दिखती लगातार उसपर बसेरा लेनेवाले
परिन्दों की टोलियाँ
उसका अभय और अनुराग
उस पर सुख का आरोहण सब दिखता है
क्या पेड़ से दिखता होगा
पृथ्वी का विलाप
उसकी त्वचा का नम स्पंदन
दिन-दिन बढ़ती समय की प्रेतछाया उसपर
दिखती है क्या ?

पृथ्वी से दिखता है आकाश
दिखता उसका असीम वैभव
उसमें तितलियों का घर
बादलों का रथ और जुगनुओं की बतकही

सब दिखता है
क्या आकाश से दिखता होगा
पृथ्वी पर जीवन का उत्सव ?
उसके ओसारे में अटाटूट हँसी
एक बुजुर्ग की अदम्य जिजीविषा
और सबसे बढ़कर घर के अन्दर
समूचे संसार का आमंत्रण
दिखता है क्या ?

हम नहिं चंगे, बुरा नहिं कोई

हम भले
जग भला है

हम चंगे
जग चंगा है

हम उदास
जग उदास है

हम प्रसन्न
जग प्रसन्न है

हम साँचे
जग साँचा है

हम निपट प्रेमी
जग प्रेम से भरा है

हम बुरे
जग
अलग खड़ा है।

भिश्ती की कहानी

मेरे मशक में जितना पानी है
उतनी ही मेरी कहानी है
इससे जितना मैं नगर चौक चौराहे धोता हूँ
उतना ही अपना भरोसा और मानी खोता हूँ

मशक क़ौमों को नहीं जानता
चाहे रामलीला की बारात हो
या हो अज़ादारी का दुलदुल घोड़ा
सब जिस रास्ते जाते हैं
मेरे मशक का पानी
उस रहगुज़र पर पाते हैं

ये क़ौमें क्या करती हैं ?
क्या ये भिश्ती होने से डरती हैं ?
मशक का पानी क्यों नहीं
इन आबदार क़ौमों की पैदा की हुई
फज़ीहतों को धुलता
जैसे मैं यह नगर चौक चौराहे धुलता हूँ

मैं भिश्ती हूँ जिसकी ज़िन्दगी में
मशक की कहानी मिली हुई है
और एक तरफ नई-नई सोच है इन क़ौमों की
जिनका अपना कोई पानी नहीं है।

नमक

इस कहानी में जो थोड़ा-सा नमक है
वह आजादी के सबसे बड़े विमर्श से
निकलकर हमें मिला है

संसार के कैलेंडर में एक साधारण दिन
नैतिक साहस की एक सदाशयी दृढ़ आवाज़
अपने हाथ उठाकर हमसे कहती है—
'यह लो नमक !'
और दाण्डी एकाएक हमारी आजादी की शुरुआत
का प्रतीक बनने लगता है

वह दिन हमेशा के लिए
एक भरोसेमंद तारीख में तब्दील होता है

इस मुट्ठीभर नमक के खारेपन में
हज़ारों लाखों लोगों के विश्वास का पसीना मिला हुआ है
इसके स्वाद में
स्वाधीन होने की करोड़ों कामनाएँ घुली हुई हैं

यह नमक
दरअसल एक सन्त का अपने सत्याग्रह के हवाले से
राजनीति को देखने का ढंग था
जो डटकर खड़ी हुई थी दमन व दासता के खिलाफ़

आजादी की कहानी सुनते हुए जो पानी

आज भी आँखों में आता है
वह सालों पहले शुरू हुए संघर्ष में
उस नमक की याद दिलाता है।

भारत 2047

दुनिया की सबसे उन्नत सभ्यताओं में शुमार हैं हम
बाज़ार में बिकने के लिए सबसे बेहतर उत्पाद हैं हम
यहाँ पहुँचकर हमने जाना है जितना भी अर्जित है
उसमें अमन और चैन की बात करना वर्जित है

अयोध्या गुजरात बल्लीमारान शान्तिनिकेतन
सब कुछ हम तोड़ आए हैं
कर आए हैं निरुपाय
चरखे में बँधे आदमियत के सूत को
एक अद्भुत दीवान की नसीहतों में पगी दुनियादारी
और खुले आँगन की तरह प्रसन्न प्रकृति का आत्मीय विस्तार

जैसे ईमान को ईमान की तरह न कहा जा सके
जैसे दुःख को भय की तरह सिर्फ देखा जा सके
जैसे प्रतीकों में देवताओं को असरदार हठ की तरह पढ़ा जा सके

सुनते हैं थे कोई कुमार गन्धर्व जो कबीर-वबीर गाते थे
चमचमाती इस सड़क के नीचे किसी वली दकनी की मज़ार थी
रियाज़ की पुकार थी किसी अलाउद्दीन खाँ की
इस दमकती हुई इमारत के पीछे
इसी तरह एक नूर मियाँ थे एक नगई महरा और एक चतुरी चमार
एक प्यार का राग था सोहनी और आशाओं का सन्धिप्रकाश भटियार

इसी जगह पर, जहाँ सबसे व्यस्त बाज़ार है आजकल
कोई पढ़ता था

नाम लेता था अचानक नींद में हड़बड़ाकर
कभी नालन्दा या इलाहाबाद या कुछ उस तरह
जो बिकनेवाली चीज़ तो बिल्कुल नहीं थी
और न उस शब्द के सहारे हम किसी की हत्या कर सकते थे

घरों में कहानियाँ थीं रिश्ते और बचपन था
खेल खेल में धरा रह जाता था कई दिनों तक
इबादत का फूल
और प्रार्थना के लिए नहीं था कोई तयशुदा समय
बस जाड़ों में एक गोल घेरे में आग जलती थी
परिवार उसके वलय में इस तरह समाहित होता था
जैसे दिन और रात के बनने में पृथ्वी अपने होने को अर्थ देती है

आज हमारे चेहरों पर रोशनी है उधार की
सारी खुशियाँ और ज़रूरतें हैं अब बाज़ार की
हमारे कपड़े चमकते इस कदर
कि जुलाहों की साफगोई का हम पर नहीं पड़ता कुछ असर

इस छीजते हुए समय ने बदल दिया बहुत कुछ
जैसे बदल दिया हो नूर मियाँ का वतन
और गुजरात में बचे रह गए एक बच्चे का बचपन
या कि मैहर के उस्ताद की किसी आलापचारी में लगती हुई
आश्वस्ति की पुकार

धीरे-धीरे ही सही हमने अपना इतना कुछ मिटाया है
यह ज़रूर है इस देश को कितना आगे पहुँचाया है

कविता का आशय

(1)

जो गलतियाँ कर चुका
उन सबके लिए क्षमा
जो भूलें भविष्य में होने वालीं
उनके लिए अभी से प्रार्थना
क्षमा और प्रार्थना का होना
कविता के बीच होना।

(2)

खुलने दो कविता को कुछ इस तरह
विस्मृत सभ्यता का रहस्य
खुलता है जिस तरह।

(3)

बचेगा बहुत कुछ
यह हवा, पानी, मिट्टी
बचेगी कविता
और वह भी
हवा की
पानी की
मिट्टी की।

(4)

देह को उत्सव की तरह सजाते हुए
राह देखती है हर आहट पर
लौटेंगे शब्द इसी रास्ते
अर्थ की विशाल सम्पदा साथ लादे हुए

(5)

रुई का फाहा
चाँद तारों की कतरनें
फरिश्तों के कपड़े
आकाशगंगाओं की दूधिया व्याप्ति
और छोटे बच्चे के मुँह में उगे
पहले दूध के दाँत सरीखा
कविता का रंग।

(6)

किसी दिन मिल जाएगी कविता बस ऐसे ही, यहीं आस-पास
किसी कन्दरा या अरण्य में नहीं
न ही किसी श्रुति, परम्परा या कौमुदी में
कविता मिलेगी यहीं आस-पास
किसी बालू के ढूह में सीप और शंख में दबी हुई
मिट्टी में ताजी हरी दूब की तरह नरम, बाहर को निकली हुई
आँगन में रंग-बिरंगी तितलियों की तरह लटके
बच्चे के सूखते कपड़ो में महक बनकर बसी हुई।

कथकली का चेहरा

कथकली के अद्भुत स्वरूप पर मुग्ध हैं
प्रकृति के ढेरों रंग
इन्द्रधनुष की सातों उर्मियाँ
दिन के आठों प्रहर
और कलाओं का उत्सुक संसार
आदमी के चेहरे पर उकेरा गया है
बड़ी तन्मयता से इसे
असीम सम्भावनाओं को धारण करते ही
एक विराटता से साक्षात हुआ है मनुष्य का

सूरज और चन्द्रमा जगमगाते हैं आकर यहाँ
समुद्र का अनंत पाट फैला है चारों ओर
फसलों की लहलहाती अयाल से ढँकी है पृथ्वी

इस समय नर्तक के वेश में
मन्दिर का गोपुरम
युद्ध का धूसर मैदान
और दर्शकों से भरी रंगशाला
उतर आई है चेहरे के रंगमंच पर
इस नाटकीय कलेवर से तालमेल बिठाता है
अपनी साधारण ऊँचाइयों में प्रसन्न कलाकार

अब भेद नहीं हैं बाकी
साधारण और असाधारण में
यथार्थ और प्रदर्शन में

मनुष्य और नायकत्व में
कलाओं के इस नए प्रदेश में
कभी भवभूति और भास झाँकते हैं
कभी स्वाति तिरुनाल और त्यागराजा
झाँकते कभी असुर और देव
अकसर कोई नहीं मात्र कलाकार की खीझ
ढेरों रंगों के बीच जो छिपी रहती
देह के भीतर मृत्यु की पदचाप की तरह

मनुष्य की देह पर
सृष्टि का इतना बड़ा आवागमन
एक सौजन्य है अपने अन्दर की
समग्रता को नए सिरे से पाने का
निःशब्द बहती किसी अनाम नदी की
अतल गहराइयों को मापने का
और जीवन के उदास रंगों को
प्रकृति से उधार माँगकर काम चलाई हुई
प्रसन्नता को बाँटने का

परम्परा का यह अनोखा रूप
लाता है जहाँ कलाकार के चेहरे पर
भावनाओं के अनेक चढ़ाव-उतार
वहीं दूसरी ओर कथकली के बिना भी
हज़ारों रंगों में बँटा हुआ
दुनिया का प्रहसन चलता रहता है।

हमारा प्रेम

रात घिरने से पहले
गहरी नदी का साँवला जल
दिन उगने से पहले का सूर्योदय
तुम्हारी स्मृति
तन्वंगी काया में पहली बार उतरी हो
बसन्त और जोगिया की बन्दिश

मैं नदी जितना साँवला
तुम सूर्योदय जितनी उज्ज्वल
हमारा प्रेम
कभी बसन्त कभी जोगिया में
एक अतिविलम्बित बढ़त।

सुनो रंगरेज

सुनो रंगरेज
क्या तुम्हें पता है
जब देगची में रंग डालकर
उबालते हो कोरा कपड़ा
और निकालते सतरंगी चूनर
तब एक जासूस की तरह
तुम्हारे काम पर टकटकी बाँधे हम
मान लेते हैं तुमको जादूगर
जिसे दुनिया को रँगने की कला आती है

एक बात बताओ
अगर दुनिया को एक चादर की तरह
फैलाकर दूँ तुम्हें रँगने के लिए
तो उसे एकरँगी करने का कितना रुपया लोगे ?
बताओ ज़रा
कितने रुपयों में यह दुनिया
चैन से रहने लायक बन सकती है
क्योंकि इस बेतरतीब दुनिया को ठीक करने के लिए
हमारे पास दूसरा कोई और चारा नहीं

एक बात बताऊँ रंगरेज
खुसरो होते तो बलि-बलि जाते तुम पर
और अगर होते कबीर तो फटकार सुनाते
मन नहीं रँगते हो
बाकी का सब उल्टा सीधा करते हो

जानते हो
जब-जब अम्मा को चावल रँगते हुए देखता हूँ
तब-तब बरबस याद आते हो तुम
और तुम्हारी देगची में रहनेवाले रंग
बहुत अपने लगते हैं
जैसे बहुत अपनी लगती है
पीले चावल से सजी अम्मा की पूजावाली थाली

पर क्या तुम्हें पता है
अब तो नई चाल का जमाना है
यह रँगने-रँगवाने का चलन बड़ा पुराना है
अब कोई नहीं जाता तुम्हारे पास
लेकर अपना कोरा कपड़ा
और न ही कोई कहता है
कि इस दुनिया को एक रंग में कर दो

क्या कोई आता है तुम्हारे पास यह कहने ?
बताओ रंगरेज
या तुम ही भूल गए हो जादूगरी अपनी
और देगची में रंग-बिरंगा संसार पकाने की कला।

ढोल

जिस ढोल को बजाते चले आए हम
अपने जन्म के पहले जीवन उत्सव से
उसके चमड़े के नीचे हज़ारों नदियों की
सिसकियाँ भी बहती चली आईं सदियों से

समय ने इस ढोल पर
अभी तक जितना भी मढ़ा है
उसके अन्दर के अन्धकार ने
हमारी स्मृति का बहुत सारा पक्ष गढ़ा है

इसके नाद और घटाटोप कुहासे में
वन्य वीथियों में टहलते हाथियों की
चिंघाड़ सुनाई देती है
अपने देवता की प्रतीक्षा में
एक शापित यक्ष भटकता है
अचानक थाप पड़ती है जब इसकी सतह पर

इसमें घर का सबसे निरापद एकान्त है
जिसमें बिजली कड़कती है
रह-रह कर आधी रात
सूरज कभी नहीं उतरता गहरे पानी में इसके
शब्द अपने अर्थ पर सान चढ़ाने के लिए
इसकी धमक में अपनी गूँज मिलाते रहते हैं

इसे कोई बजाए

राजा का कलावन्त सेवक
सभ्यता के आरम्भ से इसे
जाननेवाला सिद्ध मनीषी
या भीलों शबरों नटों और चीवरों
की टोलियों में से पैदा होनेवाला
कोई नया रसिक जानकार

नाद से इसके निकलती है
वही ध्वनि बार-बार
एक नए ढंग से जो सुनाती है हमें हर बार
नदियों का प्रलाप
वन्य जीवों का कोलाहल
यक्ष की कातर पुकार
और घर के दरवाजे की असहायता।

सहजता के लिए जगह

(लियोनार्दो द विंची की पेंटिंग 'द वर्जिन ऑफ द रॉक्स' को देखकर)

मालूम नहीं रंगों में उतरने के बाद
समय किधर जाता है
कहाँ से आती है बच्चों को शरण देने वाले
बेजान पत्थरों में देवदूतों-सी निश्छलता
दुनिया की ढेरों बेतरतीब चीज़ों के बीच
एक युवती अपनी सरलता कैसे बचाए रखती है
बर्फ अपनी अनगढ़ता में जल को
कितने तरीकों से आकार देती है
सुनहली पवित्रता अपनी उँगलियाँ कहाँ-कहाँ रखती है
रहस्य भरे कत्थई अँधेरे पर
वे देवशिशु और स्त्रियाँ अपनी सच्चाई में
आखिर क्या साबित करना चाहती हैं
सहजता सरलता निरन्तरता और दिव्यता
इन कथाओं में अपनी जगह कैसे बना लेती हैं
रंगों के इतने अनूठे अन्तरालों में
समय इतनी देर तक क्यों टिका रहता है ?

इतिहास में हेमिंग्वे

('द ओल्ड मैन एंड द सी' से प्रेरित)

भाषा में हेमिंग्वे की ढेरों मछलियाँ
अपनी परछाइयाँ तलाशने में मशगूल
पानी की परछाइयों में लौटती हैं

मछलियाँ उतनी ही जीवित
जितना आज भी हेमिंग्वे

ढेरों काँटों से उलझा एक रंग-बिरंगा जाल
मौजूद अदृश्य धरातल पर
जिसे सपनों में फेंक गया समय मछुआरा

मछुआरा कभी जाल, कभी मछली
कभी परछाइयों के पीछे भागता है
इतिहास में हेमिंग्वे
दिवास्वप्नी जहान की जाग्रत कथा लिख रहे हैं।

समय को रँगते हुए पढ़ना

समय को कैनवास पर रँगते हुए पढ़ना
समय को पढ़ना रंगों के साथ
रंगों के परिप्रेक्ष्य में रंगों को पढ़ना
पढ़ते हुए कभी रंग, कभी समय के बारे में सोचना
रँगते हुए समय के बाहर
समय को अन्दर की ओर छूना और देखना

समय ने अपने रंग में रँग लिया हमें
सारे रंग चले गए उस समय के अन्दर
जिसकी काल गणना रंगों के बस के बाहर

रँगते-रँगते, पढ़ते-पढ़ते
पढ़ते-रँगते, रँगते-पढ़ते
हम वहाँ आ पहुँचे जहाँ कलाकृति अधूरी है
और हमारा समय पूरा हो चुका।

सुबह

बाहर अँधेरा है
और तारों की छाँह

बाहर रात है
और सपने

सपने के आसपास इकट्ठा हो रही
सुबह बनने की भाषा
इस पूरी कायनात की कतरनों से
अपनी असीम विनम्रता में
आकार लेती
उजाले की पहली रेखा

इसमे एक अलसाई चिड़िया का उत्साह छिपा है
एक उम्मीद
एक शुरुआत
जो धीरे-धीरे हमारे समय को
सहृदयता से इतिहास में ले जाएगी।

सुख की नींद

कागज़ की कश्ती जा लगी नाली के किनारे
खिलौने वाले सिपाही की एक टाँग टूटी है
पिता की डायरी के सादे पन्ने
पटे पड़े रंग-बिरंगी करतूतों से
पूजा की थाली से रोज गायब हो जाती मिठाई
नानी की फोटो में पता नहीं कहाँ से
उग आई हैं ताज़ी फसल की तरह कद्दावर मूँछें
घर की हर ज़रूरी चीज़
अपदस्थ की जा चुकी अपनी नियत जगह से
माँ को पता नहीं उनका रेशमी फूलोंवाला रूमाल
कभी का दोस्त बन चुका उसके लीक करते पेन का

इतने तरीकों से शामिल हुआ है सुख
बच्चे की दूधमलाई से भी मुलायम नींद में
इस समय बस इतना भर करना है जतन
कविता में ही सही मगर बची रहे
प्रकृति में घट रही यह अथक सरलता।

पत्तल

सींक और पत्तों की भरपूर दोस्ती का
नायाब नमूना है पत्तल

ढाक को आकार देने वाले
सुघड़ हाथों का गर्व
इस बात में भी है
पत्तलों के बहाने जुड़े रह सकते हैं वे
प्रकृति की अनुपम कार्यवाही से सीधे

इससे जुड़ी एक और बात है खास
जिसे कोई नहीं बताता
मगर जिस ओर सभी का ध्यान जाता

परोसा जाता जब कभी इसमें खाना
आँख उठाकर अगल-बगल देखने पर
समाज का हर छोटा-बड़ा
एक ही पंक्ति में बैठा नज़र आता।

स्वाद

नदी किनारे बालू पर उगता है तरबूज
पानी रंग और मिठास से भरा हुआ

खरबूजे की जन्मकथा भी कुछ ऐसी ही है
प्यास बुझानेवाले ये फल
अचरज में डालते थे पहले

अब लगता है, ठीक ही तो है
पानी और रेत के वैभवहीन धरातल पर ही
सबसे बेहतर ढंग से जन्म सकता है
सृष्टि का निष्कलुष स्वाद

ऐसे में

अब जबकि अवांछित हूँ सब जगह
हर एक सूची में बेगाना है मेरा नाम
अब जबकि किसी तरह नहीं आती
हाले-दिल पर हँसी
दोस्तों ने भुला दिया है घर का पता

अब जबकि अनमना-सा बीतता हर एक दिन
खुद की नज़रों में अपनी चीज़ों को अजनबी बनाता हुआ
और लोग बात करते हुए कनखियों से
झाँकते हैं रक्त की नदी के भीतर

अब जबकि सबकुछ पराया-सा
दुनिया भरोसे की मियाद के बाहर दिखती है

ऐसे में
उम्मीद जैसे शब्द के सहारे
खटखटाता हूँ सारे बन्द दरवाजे
अपनी समूची प्रागैतिहासिक तल्लीनता में
कहीं एक खिड़की के खुलने का इंतज़ार करता हूँ।

दुनिया के ग़म

नजूमी ने खोल दी अपनी जादू भरी गठरी
रहस्य की पोटली फिर भी बन्द है

नजूमी ने बच्चों को दे दी यह पृथ्वी
गेंद की तरह खेलने के लिए
उत्साह खेल का फिर भी न जाने क्यों कम है

नजूमी के रंग-बिरंगे तमाशे में
शामिल हैं तितलियाँ
ठहाके, कलरव और बच्चे
फिर भी इस दुनिया को हज़ारों ग़म हैं।

हम प्रतिदिन

अब जल्दी नहीं उठते हाथ
प्रार्थना के लिए
न देने आशीर्वाद
दिखाई नहीं देती बात करती जुबान में
एक ताजी आदिम महक
न ऐसा सच
जो निबौलियों की तरह कड़ुवा हो

कोई नहीं जाता कहीं बेवजह
हर तरफ मिज़ाजपुर्सी की कमी
और भाषा में मतलब की अतिरिक्त नमी

हमारा हर दिन
खुद से ही मुकाबला चलता
प्रतिदिन हम होना
अन्दर थोड़ा घटा रहता।

शब्दों को शक्ति देने के लिए

एक समय में हर समय के लिए
कुछ भी हो सकता हूँ मैं
दान्ते का वर्जिल
बाणभट्ट का वैशम्पायन
या अधीति जपुजी साहिब की
कुछ भी हो सकता हूँ मैं किसी समय का
पता नहीं पांडुलिपि का कौन-सा पृष्ठ
काग़ज़-पत्तरों का कौन-सा पुलिन्दा
दिए रहता है बीज-सा आश्रय
अनन्त जीवन को मेरे

अपने को कभी-कभार खोलता हूँ मैं
और उपस्थित हो जाता है
एक साम्राज्य-सा अजेय विस्तार
मैं अक्षर,
शब्द का होना बताता हूँ बड़ी गरिमा से
यह है मेरा अर्थ
और इतना स्पष्ट इतना दृढ़
जैसे कह रहा हो, यह लो मैंने
बाँध लिया अश्वमेध का घोड़ा
निमन्त्रण सबको कर सको तो कर लो युद्ध

अपने अस्तित्व में आलोकित मैं
कितनी प्रतीक्षा, कितने श्रम से होता हूँ व्यक्त
जैसे पृथ्वी का एक चक्कर लगाकर लौटा होऊँ

तानपूरे के तार पर
किसी राग-कण की तरह अटका होऊँ

भोजपत्र जैसा हल्का
पांडुलिपि जितना प्राचीन
सुई की नोक की तरह बेधक मेरा अस्तित्व
जिस पर लोगों को भरोसा इतना
कि अपने साहस के चिमटे से कुरेदते रहते मेरी आग
मुझसे दोस्ती करते
अपने असहाय शब्दों को शक्ति देने के लिए।

ईश्वर के बारे में

बहुतों को पसन्द आता है ईश्वर
मगर उसका बुलावा किसी को पसन्द नहीं
इस तरह ईश्वर
एक ठुकराया हुआ निमंत्रण है

ईश्वर उस मसविदे की तरह है
जिस पर रहती हैं दर्ज
विपन्न तिथियाँ, बेहद मुश्किल क्षणों के निर्णय
चन्द भूलें और अपनी उपस्थिति का दस्तख़त

जिस तरह आती है नींद
बचपन को
उस तरह आता है वह समीप
नाउम्मीदी में ईश्वर बनने की प्रक्रिया के साथ

वह अदृश्य ही सबको भाता है
गाता है भीतर सबमें
सबकी तरह
मनुष्यता की प्रेरणा का गान

कभी-कभी वह
अपने ही गढ़ में घेर लिया जाता है
भक्तों के द्वारा उन्हीं के प्रयासों से
इस तरह ईश्वर
समाज के द्वारा ठगा जानेवाला
सन्त है कोई।

दृश्य और भाव

आकाश
उतना ही नीला
जितना आँखों का उस पर
भरोसा
नीला

सूरज
उतना ही पीला
जितना पुतलियों में
दीप्ति का रंग
पीला

नदी का पानी
उतना ही गीला
जितना तरल होने का संस्कार
पानी को करता गीला।

ग्रामोफोन का एक पुराना रेकार्ड

इसमें बन्द है वह पुराना समय जिसे ग्रामोफोन पर सुनते हुए
हम याद कर सकते हैं
अठहत्तर आरपीएम का यह रेकार्ड
पड़ा मिला जिस पुराने बक्से में
अब तक का इतना भर इतिहास था उसके बारे में
दादा की मिरज़ई कुछ पुराने ढब के कपड़े रहते थे उसमें

मगर मिल सकता है वहाँ
किसी की पुरअसर आवाज़ का दस्तावेज़
इसे कोई नहीं जानता था घर में

अब जबकि यह गोल जादुई-सा तवा हाथ आया हमारे
इसके सहारे इतिहास के गलियारों में झाँक सकते हैं हम
ठहरते हैं थोड़ी देर सन् उन्नीस सौ दस या बीस
या कुछ उस तरह के सालों के दरमियान गुजरते हुए
जब इन अजीबोगरीब तवों की सतह पर दर्ज हुई थी
पहली बार कभी आवाज़ तो कभी समय की लय

और इस कोशिश में इस निहायत गैर दुनियादार समाज को
पता चला था एकाएक पहली बार बेहद मामूली चीजों के बीच से
पैदा होनेवाली चमक के बारे में

जैसे पहली बार वे यह जान पाए थे
कि लैला-मजनूँ या सलीम-अनारकली के अफसानों की तरह
दर्ज़ हो सकतीं हैं उनकी भी साधारण ज़रूरतों की दिलचस्प दुनिया

कि गाहे-बगाहे वे भी देख सकते थे इनमें
अपनी आवाज़ का आईना

आजकल अपने वजूद में अनूठे से लगते
इन रेकार्डों का कोई मतलब नहीं रहा हमारे लिए
क्योंकि इन्हें सुन सकने का कोई तरीका अब हम नहीं पाते
इनके तिलिस्म को तोड़ने वाले बाजे अब दुकानों में नहीं आते

मगर इतना ज़रूर है कि
किसी लुप्तप्राय प्राचीन लिपि के नमूनों की तरह लगते यह तवे
हमारे अपनों के, भूल बिसरा दिए गए स्वजनों के ब्यौरे हैं

इन्हें बूझ पाना हातिमताई के सात सवालों को हल करना है
न बूझ पाने की शक्ल में इनके आयतन में उतरकर भाँपना
हो सकता है इनमें भरा हो इतना दुख
बुल्ले या वारिसशाह की बनाई हीर जितनी तड़प
भी कम लगे इसे सुनकर
फिर दुख भी यहाँ इतना प्राचीन होगा
बहुत सारी नदियों का पानी बह जाएगा उसमें यक-ब-यक
और नावें चलेंगी दूर तक जिन्हें बनाया होगा
प्रेम में धोखा खाई उन औरतों ने
जो बरसों से रोना भूल चुकी होंगी

इसमें अगर कोई रोशनी का पता ढूँढ़ना चाहेगा
तो लौटेगा खाली हाथ इससे होकर, जैसे युद्ध में
सब कुछ हारकर लौटते हैं सैनिक शिविरों में
जैसे बरसों तक रीते हाथ लौटती रहीं
लाहौर स्यालकोट की कंजरियाँ
महफिलों से अपनी उठावनी के बाद
बिसूरते हुए अपने कंजरी होने का हुनर

और इन सबसे अलग बचेगी आखिर में जब कभी

इन अनूठे तवों की तारीखी दुनिया
तो अकसर गाने के बाद बिल्कुल अंत में
आएगी एक नीमखुशहाल आवाज़
अपनी पहचान की काँपती-सी शिनाख़्त कराती

मैं जानकी बाई छप्पनछुरी...
मैं अख़्तरी बाई फ़ैज़ाबादी...
मैं अनवर बाई लखनवी...

इस तरह एक दास्ताँ शुरू होगी
जब हम इसे पुराने ग्रामोफोन पर बजाएँगे
इस तरह एक शाहकार का तिलिस्म टूटेगा
जिस इबारत को आज के हुनरमन्द पढ़ नहीं पाएँगे।

अष्टपदी

इसका उल्लेख आते ही
तेरहवीं शताब्दी की याद आती है
जयदेव आते हैं मन में
और उड़ीसा का पुरातन भूगोल
नाचता है अपनी हरीतिमा के साथ

कृष्ण और राधा
बाँसुरी और मोरपंख
प्रणय संगीत और उल्लास
दृश्य बनकर आते हैं गरिमामय
आँखों के सामने

पढ़ते ही इसको
अक्षरों में खिल उठता है बसन्त
शब्दों के बीच प्रतीक्षा का
अनन्त सागर लहराता है
मृदंग झांझ और करतल ध्वनि
से भरने लगता है पृथ्वी का आँगन
सजने लगती है धरती
हरसिंगार की केसरिया सफेद अल्पना से

पाठ और नृत्य के अन्तरालों में
धीरे-धीरे स्पष्ट होते जाते इसके अर्थ
बढ़ता जाता धीरे-धीरे
संसार में आत्मीयता का दायरा।

वेश्याएँ

फूहड़ मजाक और सस्ती जुमलेबाजी
के रास्ते पर पड़ते हैं उनके घर
एक जटिल पहेली की तरह
दिन के उजाले में भी छिपकर आते हैं लोग
इन गलियों में गुम हो जाने के लिए

घायल मेमने की आँखें हैं उनका जीवन
जिसमें उड़ान नहीं है कहीं
एक अनजान फड़फड़ाहट में तब्दील होती हुई
सृष्टि का सबसे रहस्यमय अध्याय हैं ये औरतें

बारिश में भीगकर भारी हो गए
पंखों की भाँति चिड़ियों का अनन्त रतजगा
बसता है उनके विलाप में
रोज नया आमंत्रण लपलपाता है
भेड़िये की ललचाई जीभ में
उनकी देह के मांसल स्वाद के लिए

जवाकुसुम की लता नहीं हैं वे
न ही फूलों की घाटियों में मौजूद
ढेरों अनजान पक्षियों का कलरव
पूजा की घंटी गंगाजली और मंत्र भी नहीं
न ही किसी प्राचीन मन्दिर में
देवता को अर्पित आभार निवेदन

बावजूद इसके पृथ्वी पर फैली हैं वे हर तरफ
भूमध्य और कर्क प्रदेशों में लगातार आवाजाही करतीं
हर अश्लील इशारा भटका देता उन्हें
सभ्यता के खंडहर में थोड़ी देर के लिए

उनके जीवन में हर दिन चक्रवात आता है
पहली बरसात का पानी खूब धारसार
बरसता है भीतर उनके हर पल
समय उनके दरवाजों पर टिका रहता है
और ठिठके रहते हैं ढेरों तारे
अलसाये से देर रात तक

बिना चमेली और मोगरे का गजरा लगाये
जब कभी व्यस्त-सी दिखतीं वे सड़क के किनारे
सफेदपोश समाज उन औरतों से
पूछना तक भूल जाता है उनके नाम
आदमी से लगते कुछ भले लोग
उनकी उपस्थिति से बेखबर
बढ़ा देते हैं अपनी गाड़ियाँ शहर की तरफ

अपने घर के सींखचों के पीछे से
झाँकती ये हिरणियाँ
धीरे से छोड़ती हैं आँखों की कड़वाहट
और साधती हैं दम अपना
जानती हैं शिकारी नहीं आएगा अब जल्दी
उनकी मृगया में अहेर के लिए।

या मौला

मेरी झोली मत भर
न दिखा जलवा अपना
कोई ग़म नहीं
न रहे फरिश्तों की आमद मेरे घर
रहमतों की बारिश से
सूना हो अपना चमन

या मौला
मेरी परेशानियाँ ही मेरा सलाम हैं

तेरे आसमान के नीचे
लाखों बुलन्द सजदों में
एक कमज़ोर सजदा मेरा भी

गुलशन में ऐसे ही निभती रहे
तमाम असहमतियों के बीच
बन्दगी मेरी।

●●●